27
Ln 13617.

SAINT MARTIN

ET

SON CULTE.

SAINT MARTIN
ET SON CULTE,

ou

QUELQUES PAGES ÉCRITES ET PUBLIÉES

1° Pour éclairer et encourager la dévotion des fidèles envers l'illustre et très saint thaumaturge qui fut Évêque de Tours;

2° Pour servir à la neuvaine qui se célèbre dans l'église de

St-Martin-de-Hinx (Landes)

Devant une Relique de Saint Martin, solennellement exposée, du 10 au 18 novembre ;

3° Pour l'objet indiqué dans la CONCLUSION de ce mince opuscule.

Bayonne, Imprimerie de P. Lespés, rue Lormand, 1.

Septembre 1855.

SAINT MARTIN ET SON CULTE.

Sommaire des articles qui composent cet opuscule.

Coup d'œil sur la vie, les vertus, les miracles et le culte de Saint Martin.

Lettres épiscopales reconnaissant l'authenticité d'une Relique de Saint Martin.

Quelques élévations et prières, tirées de l'office de Saint Martin dans le bréviaire romain.

Cantique inédit en l'honneur de Saint Martin.

Histoire d'une église dédiée à Saint Martin.

Conclusion.

N. B. Les petites notes qui se trouvent en dehors du texte et au bas des pages, ne sont pas sans intérêt.

COUP D'OEIL

SUR LA VIE, LES VERTUS, LES MIRACLES ET LE CULTE

DE SAINT MARTIN.

***

> Saint Martin remplit tout l'univers du bruit
> de sa sainteté et de ses miracles, durant
> sa vie et après sa mort.
>
> BOSSUET.
> (*Histoire Universelle.*)

I.

Vie de Saint Martin.

Saint Martin naquit l'an de J. C. 316, dans l'ancienne Pannonie, aujourd'hui Haute-Hongrie, à 25 lieues (S.-E.) de Vienne, capitale de l'Autriche. Il était encore dans la première enfance lorsque ses parents quittèrent cette contrée pour aller s'établir à Pavie, ville d'Italie, dans le Milanais. Son père, qui était plongé dans les erreurs de l'idolâtrie, comme ses autres parents, voyant avec peine que le jeune Martin montrait dans sa conduite des dispositions favorables à la religion catholique, le força de s'enrôler, dès l'âge de seize ans, dans les armées romaines, espérant que les habitudes de la vie militaire le maintiendraient dans le paganisme et les croyances de ses ancêtres. Mais Dieu devait en dis-

poser autrement. Martin, qui s'était fait recevoir catéchumène dès l'âge de dix ans, contre le gré aveu-
gle ou impie de ses parents, se fit administrer le
Baptême dans la 22ᵉ année de son service militaire;
et, deux ans après, ayant obtenu son congé, il alla
se mettre sous la conduite de Saint Hilaire, Évêque
de Poitiers, qui l'accueillit avec une affection pater-
nelle et lui conféra les Ordres mineurs.

Martin devint, en peu de temps, un modèle par-
fait de toutes les vertus. Il retourna vers ses parents,
d'après une inspiration divine, et s'efforça de les ra-
mener de leurs funestes erreurs. Sa mère se convertit
et devint chrétienne, mais son père s'obstina et
mourut dans l'infidélité.

Revenu auprès de Saint Hilaire, Saint Martin
fonda le monastère de Ligugé, qu'il gouverna pendant treize ans, avec autant de prudence que de
sainteté. Ayant reçu du Ciel le don des miracles, il
en opéra tant et de si merveilleux, qu'il mérita d'être
surnommé le *Grand thaumaturge des Gaules.*

Saint Martin promu, par un coup de la Providence, à l'Évêché de Tours, redoubla de zèle pour
détruire l'idolâtrie. Il fit fleurir la vie monastique
dans le monastère de Marmoutiers, où il eut soin de
partager le temps de ses chers religieux entre l'étude
des lettres, la transcription des manuscrits et les
exercices de la prière; il édifia son diocèse et la
France entière par sa vie apostolique; il obtint presque chaque jour, du Ciel, les faveurs les plus signa-
lées; combattit et dissipa les hérésies; montra toujours une humilité profonde, une immense charité,
une douceur inaltérable, une patience à toute
épreuve; et enfin forma des disciples animés de son
esprit et ornés de ses vertus, tels que Sᵗ Sulpice

Sévère, St Brice, St Clair, St Paulin de Nôle et tant d'autres.

Saint Martin mourut à Candes, près Chinon, sur les confins du diocèse de Tours, à l'âge de 81 ans.

II.

Vertus de Saint Martin.

Saint Martin, loin de se livrer comme tant d'autres à la légèreté, à l'intempérance et à la corruption, dans le métier des armes, y fit au contraire de grands progrès dans la piété ; et avant même d'être chrétien, il pratiqua, à un éminent degré, l'amour de Dieu et du prochain.

Qui ne connaît ce trait admirable et vraiment héroïque de charité qui suffirait à lui seul pour immortaliser le nom de Saint Martin ?

C'était au milieu d'un hiver rigoureux, et tellement rigoureux, dit St Sulpice Sévère, que le froid qui régna pendant cet hiver fit périr beaucoup de personnes. Le corps de troupes dont Saint Martin faisait partie avait reçu l'ordre de se rendre à Amiens. Notre Saint aperçoit, à l'entrée de cette ville, un pauvre à demi nu qui suppliait les passants, mais en vain, d'avoir pitié de ses membres glacés. Martin en est profondément ému ; mais que fera-t-il ? Il a déjà distribué en aumônes son argent et tous ses effets. Il ne lui reste que ses armes et le simple costume de cavalier dont il est présentement revêtu. Toutefois, ne prenant conseil que de son grand cœur, il s'approche du pauvre, saisit son épée, et, coupant en deux son manteau, il en donne la moitié au mendiant transi de froid, et remet l'autre moitié, tant

bien que mal, sur ses épaules. Il y eut des specta-
teurs qui raillèrent le Saint en le voyant se couvrir
ainsi d'un vêtement difforme et écourté. Mais d'autres, plus sensés, rougirent intérieurement de n'a-
voir pas su faire une pareille chose, eux qui auraient
pu revêtir le pauvre avec le superflu de leurs propres habits.

Cependant cette belle action, admirée de Dieu et
de ses anges, ne fut pas longtemps sans récompense.
La nuit suivante, Jésus-Christ apparut à St Martin,
vêtu de la moitié du manteau donnée au pauvre ; et,
se tournant vers les anges qui formaient son escorte
céleste : « C'est Martin, leur dit-il, et Martin encore
catéchumène qui m'a donné ce vêtement. » O manteau de Saint Martin, s'écrie un historien fort récent,
manteau devenu célèbre dans le ciel comme sur la
terre, pour avoir couvert tout ensemble les épaules
de Jésus-Christ et celles d'un soldat ! Jamais pareil
honneur advint-il à la pourpre d'un roi ?

Nous sortirions des bornes très étroites que nous
nous sommes tracées, si nous voulions suivre pas
à pas Saint Martin dans ses prédications, dans ses
monastères, dans son épiscopat, pour détailler
tous les traits de sainteté qui brillèrent dans sa vie
publique et intérieure. D'ailleurs, sa vie publique
éclate assez dans les monuments de sa gloire et dans
le culte que l'église lui consacre. « Mais, dit S^t
» Sulpice Sévère, qui fut tout à la fois le disciple,
» l'ami et le premier biographe de notre Saint, nulle
» bouche ne fera jamais connaître quelle fut sa vie
» intérieure et sa conduite journalière ; comme son
» âme était toujours élevée vers le ciel ; quelle cons-
» tance et quelle mesure il mettait dans l'abstinence
» et le jeûne ; combien il veillait et priait, consa-
» crant à l'oraison les jours et les nuits ; comme il

» ne passait pas un instant, autant que cela était
» humainement possible, sans travailler à l'œuvre
» de Dieu, soit pendant son repos, soit pendant
» qu'il s'occupait d'affaires, soit pendant qu'il pre-
» nait ses repas ou son sommeil. A toute heure, à
» tout instant, il priait ou lisait ; et en lisant ou en
» faisant tout autre chose, jamais il ne cessait de
» prier. Heureux Martin, homme rempli d'une no-
» ble simplicité et d'une sainte droiture ! qui ne ju-
» geait personne, ne condamnait personne, ne ren-
» dait à personne le mal pour le mal ; si patient et
» si généreux, au milieu des injures, que, quoique
» il fût Evêque, il ne punissait pas celles qu'il rece-
» vait des clercs du dernier ordre, à tel point que,
» pour cela seul, il ne les priva jamais du grade
» qu'ils occupaient dans l'église, ni de la place qu'il
» leur avait donnée dans son cœur. Jamais on ne le
» vit se mettre en colère, jamais il ne parut dans
» l'agitation ou la tristesse, jamais on ne le vit rire.
» Supérieur à l'humaine nature, il était toujours le
» même, toujours uni, toujours reflétant sur son
» visage les rayons d'une paix et d'une joie céleste;
» sans cesse il avait à la bouche le nom de Jésus-
» Christ, et dans le cœur amour, paix et miséricor-
» de ! »

III.

Miracles de Saint Martin.

Saint Martin avait fondé, comme nous l'avons
déjà dit, près de Poitiers, le monastère de Ligugé où
l'on recevait les catéchumènes, c'est-à-dire les aspi-
rants à la religion chrétienne, qui avaient besoin d'ins-

truction et d'une préparation plus ou moins prochaine à la grâce du Baptême. Tout en dirigeant cette communauté avec le plus grand zèle, Saint Martin faisait de temps en temps quelque voyage, selon que les besoins de l'église réclamaient ailleurs les secours de ses lumières ou de sa charité. Or un jour qu'il était ainsi retenu hors de son monastère, un catéchumène nouvellement entré fut emporté tout à coup par une fièvre maligne, sans qu'on eût pu lui administrer le baptême. Martin arrive un moment après ce triste évènement et trouve ses religieux groupés autour du corps, gémissant de la perte qu'ils venaient de faire et désolés par l'incertitude du salut de ce pauvre catéchumène. Plus profondément touché encore que ses disciples, Martin se répand en larmes et en sanglots. Il fait retirer tous ses frères de la cellule. Puis ayant fermé la porte, il se met en prières et, nouvel Élisée, il s'étend sur le mort, dans l'espérance de le ranimer par l'ardeur de sa foi. Quels durent être les soupirs et les cris enflammés de son cœur vers Dieu dans cette posture où la nature avait tant à s'oublier elle-même! Après deux heures de supplications, Martin sent une vertu divine; il comprend qu'il est exaucé. Le mort fait un mouvement, ouvre les yeux et le regarde : le catéchumène est ressuscité. On s'empresse de le baptiser, et il vécut encore plusieurs années.

Peu de temps après ce miracle, Saint Martin en opéra un autre aussi éclatant. Comme il passait sur les terres d'un seigneur appelé Lupicinus, on lui apprit qu'un esclave de ce seigneur venait de se pendre de désespoir. Martin se rend aussitôt sur les lieux et trouve un cadavre horriblement défiguré. Il s'approche sans répugnance, fait sortir tous les assistants, se prosterne sur le mort, implore la puissance et la miséricorde de Dieu. Il est exaucé, presque à l'instant, et, en ressuscitant un corps, il ramène une âme coupable dans la voie du repentir et de la pénitence.

Saint Martin ressuscita un troisième mort pendant son épiscopat et dans un voyage qu'il faisait en se rendant à Chartres.

Il passait dans un village assez considérable dont les habitants étaient encore païens. C'était à l'époque de la moisson. Martin, pénétré de zèle, se met à prêcher l'évangile à la multitude réunie dans les champs et que sa réputation attroupait en foule sur son passage. Pendant qu'il parlait ainsi, dans l'espérance de gagner quelques âmes à Dieu, voilà qu'une femme éplorée, portant un corps inanimé entre les bras, accourt et se prosterne aux pieds du Saint, le conjurant de rendre la vie à son fils unique qui venait de mourir. Martin n'hésite pas : dans un mouvement subit d'inspiration, il prend le corps dans ses mains et, fléchissant le genou, il le présente à Dieu, créateur et arbitre suprême de tous les êtres. Dieu récompense à l'instant cet hommage solennel. L'enfant ressuscite et Martin le rend plein de vie aux embrassements de sa mère, pendant que la foule applaudit, en bénissant Dieu et demandant hautement le Baptême.

Nous devons renoncer à détailler tous les miracles même connus, de Saint Martin, parce que, encore une fois, nous ne voulons pas faire un livre, mais un simple et très-court mémorial. Nous renvoyons donc nos chers lecteurs aux grandes histoires de Saint Martin pour s'édifier amplement des merveilles qu'il a plu à Dieu d'opérer par l'entremise de son serviteur favori.

Ici Saint Martin, par un simple signe de croix,

relève et renverse dans un sens opposé un énorme pin, objet de superstition, que les païens avaient consenti à abattre pour en diriger malicieusement la chute sur sa tête;

Là il obtient, après sept jours et sept nuits de jeûnes et de prières, la guérison de toute la famille de Liconce, gouverneur romain, laquelle était ravagée par une maladie contagieuse;

Plus loin, la seule présence de son corps refoule un incendie et sauve une maison menacée de partager la ruine d'un temple païen que le Saint venait de livrer aux flammes;

Ailleurs, il guérit Evence d'une maladie dangereuse; et puis le serviteur d'Evence mordu par un serpent de l'espèce la plus venimeuse.

Il exerçait un empire réel sur les animaux et renouvelait la pêche miraculeuse de l'évangile;

Il guérit un lépreux, par un baiser, aux portes de Paris, et fit plusieurs autres miracles dans cette grande cité, où le seul attouchement de ses vêtements guérissait les malades (1);

Arborius, ancien préfet de Rome, guérit sa propre fille en appliquant sur sa poitrine une lettre de Saint Martin, qu'un heureux hasard avait fait tomber entre ses mains;

Notre Saint conserva ou rendit la vue à Paulin atteint d'une grave ophtalmie. Paulin se convertit après ce bienfait et devint le saint et célèbre évêque de Nôle;

---

(1) Il y a cette différence entre une *guérison miraculeuse* et une *guérison naturelle*, que celle-ci s'obtient par les moyens que Dieu a mis à la disposition de la médecine ou de la simple nature pour soulager ou détruire un mal physique ; tandis que la *guérison miraculeuse* s'opère presque toujours instantanément, par une intervention inaccoutumée de la puissance divine et sans rapport naturel entre le mal et le moyen qui le fait disparaître.

Il guérit, aux instances d'un père désolé, dans la ville de Trèves, une jeune fille percluse de tous ses membres et qui était sur le point d'expirer;

Il fit parler une fille muette de naissance, près la ville de Chartres, en présence de St Valentinien, évêque de Chartres et de St Victrice, évêque de Rouen;

Il se préserva lui-même de la mort, quoiqu'il eût mangé par mégarde une assez forte quantité d'ellébore, et dans une circonstance critique, il se conserva sain et sauf, par sa foi et ses prières, au milieu d'un violent incendie, dans une étroite sacristie dévorée par les flammes;

Enfin il délivrait les possédés (qui se rencontraient fréquemment encore à cette époque) et il exerçait un empire absolu sur l'Esprit de ténèbres.

Quant aux miracles qui se firent après la mort de Saint Martin, sur son tombeau, dans les lieux où le Saint avait prié et par le moyen des plus simples objets qui lui avaient appartenu, ils sont innombrables, au rapport de Saint Perpet et de Saint Paulin de Périgueux : nous ne devons pas même en essayer la plus légère esquisse.

Est-il étonnant après cela que le culte de Saint Martin soit devenu aussi célèbre et aussi universel dans l'église catholique?

IV.

Culte de Saint Martin.

La première manifestation du culte envers un Saint fut toujours un témoignage public et solennel d'admiration, d'amour et de confiance. Ce serait donc ici le lieu de reproduire les éloges que l'on a faits de Saint Martin, dès l'instant de sa mort, et pendant les quinze siècles qui l'ont suivie. Mais à l'impossibilité matérielle et morale d'une pareille chose se joint toujours pour nous la brièveté que nous nous sommes volontairement imposée. Nous nous contenterons de citer quelques paroles de quatre ou cinq personnages parmi les écrivains les plus distingués dont s'honore l'Eglise. Ils furent certainement, en raison de leur science et de leur sainteté, les organes les plus accrédités de leurs siècles, sur la dévotion des peuples à Saint Martin.

« O bien heureux homme ! s'écrie S᙮ Grégoire de
» Tours ; au moment de son trépas, la foule des
» saints fait entendre ses chants ; le chœur des an-
» ges tressaille d'allégresse ; l'armée des Vertus cé-
» lestes accourt au devant de lui ; le démon est con-
» fondu dans son orgueil ; l'église est fortifiée dans
» sa vertu ; les prêtres sont glorifiés par la révéla-
» tion de tant de gloire ; S᙮ Michel enlève le bien-
» heureux avec les anges ; Marie l'accueille avec les
» chœurs des vierges, et le paradis le retient dans sa
» joie avec les saints. »

Le bienheureux cardinal Pierre Damien, l'une des lumières de l'Eglise au XIᵉ siècle, proclame « Saint
» Martin la perle des évêques, la gloire des prêtres,
» la règle du clergé, l'ornement des religieux.» Il affirme que « sa réputation vole par toute la terre,
» que toutes les nations sont éclairées par sa vie et
» favorisées de ses miracles, enfin que c'est un saint
» universel. »

S᙮ Bernard, docteur de l'Église, entre autres cho-
ses admirables qu'il a écrites sur Saint Martin, nous a laissé ce trait de louanges : « Martin, riche en mé-
» rites, en miracles et en vertus, a ressuscité trois
» morts ; il a rendu la vue aux aveugles, l'ouïe aux
» sourds, la parole aux muets, un pas ferme et libre

» aux boiteux et la santé aux malades ; il a échappé
» aux périls par une vertu divine ; il a repoussé les
» flammes, en y opposant son propre corps. Il a
» guéri un lépreux par un baiser, un paralytique
» avec de l'huile. Il a vaincu le démon, il a vu les
» anges, il a prévu l'avenir. »

Nous avons déjà cité St Sulpice Sévère, celui des écrivains ecclésiastiques qui, le premier, a tracé la vie de Saint Martin ; celui aussi qui a inspiré, dans la suite, ses plus éloquents panégyristes ; et dont le génie plein de justesse a magnifiquement résumé la gloire de notre Saint lorsqu'il a dit : « que si la Grèce
» pouvait être fière du sublime apostolat de St Paul,
» la Gaule (aujourd'hui la France) n'avait rien à
» lui envier depuis qu'elle avait eu l'insigne hon-
» neur de posséder son Saint Martin. » Le livre du savant évêque de Trèves devait être bien remarquable, puisque, loué comme un modèle de composition et de style par St Augustin et d'autres beaux génies, il mérita d'être lu publiquement aux jours des fêtes des Saints. — St Paulin de Nôle, autre disciple et ami de Saint Martin, écrivait à St Sulpice Sévère qui lui avait adressé son ouvrage sur Saint Martin : « que Dieu vous comble de ses plus chères
» bénédictions pour avoir écrit avec tant de pureté
» et d'élégance la vie d'un si grand Evêque et d'un
» si illustre confesseur de J. C. » Lui-même, St Paulin plaçait déjà Saint Martin au rang des plus grands saints que l'église honorait de son temps. « La puis-
» sante Carthage, disait-il, a son martyr Cyprien qui,
» avec les flots de sa parole et de son sang, a fé-
» condé les sables de l'aride Lybie ; la terre d'Occi-
» dent n'a pas brillé d'un moindre éclat : le Latium
» a son Ambroise, l'Espagne son Vincent, la Gaule
» a reçu l'illustre Martin..... »

Nous allons terminer ces citations par un témoignage que St Sulpice Sévère rend aux lumières et aux talents naturels de Saint Martin. « Quelle di-
» gnité, quelle gravité dans les discours et les con-
» versations, toutes simples qu'elles fussent! quelle
» pénétration, quelle facilité à résoudre les ques-
» tions les plus difficiles sur les saintes écritures!
» Comme je sais que plusieurs esprits envieux et
» corrompus lui refusent le génie, après avoir nié sa
» sainteté, je prends à témoin Jésus-Christ, notre
» commune espérance, que je n'ai jamais remarqué
» dans les discours de qui que ce soit, tant de sa-
» voir, tant de génie, un langage aussi correct et
» aussi pur. »
Maintenant rapporterons-nous ici tout ce que la tradition et l'histoire nous ont conservé de consolant et de beau sur les funérailles du Saint, sur la trans-lation de ses reliques, sur la construction des pre-mières églises placées sous son invocation? La seule basilique, élevée par Perpet, troisième successeur de Saint Martin, et la dédicace qu'en fit ce saint prélat rappellent, si elles ne les effacent, les magni-ficences du temple de Salomon. Mais aussi, que de bénédictions et de bienfaits s'exhalaient, comme au-tant de parfums salutaires, des restes mortels de no-tre glorieux pontife! on accourait de toutes parts à son tombeau, et les pèlerinages qui s'y faisaient étaient aussi nombreux que ceux de Jérusalem ou de Rome, ou de Saint Jacques de Compostelle. Bientôt le culte de Saint Martin se répandit dans toutes les provinces de France, dans toutes les contrées de l'Europe, dans toutes les régions du monde catholi-que. L'Angleterre, l'Allemagne, l'Espagne et le Por-tugal s'empressèrent de lui élever des temples et de célébrer sa fête. La Grèce, l'Afrique, l'Égypte, la

Thessalie s'associèrent aussitôt à cet élan d'admiration et d'hommages. En peu de temps tout l'univers chrétien honora Saint Martin (1) à l'égal des Apôtres et des Martyrs. Il est étonnant de voir, d'après l'histoire, sous combien de formes diverses et solennelles se propagea la dévotion à ce grand Saint. Les parlements et d'autres sociétés aussi pieuses que savantes, tinrent leurs assemblées sous son patronage ; la politique et la royauté firent frapper une monnaie courante et de très-bon aloi, où le souverain partageait avec Saint Martin les honneurs de l'effigie (2) ; les usages de la vie sociale se modifièrent tellement dans le sens de la piété envers notre Saint, qu'ils créèrent l'*Ere de Saint Martin* qui fut longtemps en vogue, et qui domine encore une foule de transactions populaires ; les Papes tinrent à cœur de célébrer des conciles dans la basilique de Saint Martin ; toutes les classes de la société demandaient des inspirations et des secours à la mémoire d'un Saint qui semblait être devenu comme un soleil moral et vivifiant pour ces siècles d'initiation et de foi.

Malheureusement, cette belle ferveur se ralentit et s'éteignit peu à peu, à mesure que les générations chrétiennes perdirent de vue les grandes idées de la foi, les augustes bienfaits de la rédemption, la sainteté de tous les devoirs religieux, et le respect que les nations doivent à leurs antiques protecteurs.

(1) Le diocèse d'Aire a 46 églises paroissiales dédiées à Saint Martin. — Le diocèse d'Amiens en a plus de 100, qui sont décorées de son titre ; la France entière doit en avoir près d'un millier.

(2) Sur l'une des faces était représenté le roi régnant, et sur l'autre figurait, en profil, l'église de l'abbaye de Saint Martin de Tours.

20

La célèbre basilique de Saint Martin de Tours, qui posséda si longtemps le corps entier de Saint Martin ; qui, par là même inspira tant de vénération à nos anciens monarques, depuis Clovis jusqu'à Louis XIV (1), éprouvée par mille désastres successifs, fut enfin pillée et horriblement profanée par les protestants en 1562. Les reliques du Saint furent brûlées, comme tant d'autres. Seulement, dans le tumulte de cette exécution sacrilége, *une partie du crâne de Saint Martin et un os d'un de ses bras, avec l'étoffe qui avait servi de suaire*, furent sauvés par un prêtre nommé Saugeron qui avait la charge de veiller à la garde du tombeau vénéré.

En 1791, l'impiété révolutionnaire vint profaner et désoler de nouveau cette belle collégiale, autrefois la plus splendide et la plus riche peut-être du monde chrétien, mais que tant de catastrophes ébranlèrent au point qu'elle s'écroula en 1797 sur ses propres fondements.

Toutefois, les Reliques de Saint-Martin, conservées en 1562, furent soustraites à temps à la dévastation et aux ruines de cette église magnifique. La petite parcelle que nous possédons à St-Martin-de-Hinx en est un précieux et authentique fragment.

(1) La dévotion de nos anciens rois pour Saint Martin les amenait souvent aux pieds de son tombeau pour y implorer la puissante protection du saint thaumaturge sur leur trône, leur personne, leur famille et leur gouvernement. Il y a plus, et l'on sera surpris d'un usage qui est déjà bien loin de nos mœurs. Les rois de France se faisaient honneur d'être reçus abbés et chanoines de la célèbre basilique de Saint Martin. En écrivant cette note, nous avons sous les yeux le procès-verbal de l'installation de Louis XIV en cette qualité, et la formule du serment qu'il prêta, dans cette occasion, à l'exemple de ses prédécesseurs.

Ce privilége (1) est d'autant plus consolant pour nous qu'il est plus rare, même en France, et nous aimons à fonder là-dessus de douces espérances pour la restauration si urgente de notre église et le renouvellement spirituel de notre chère Paroisse.

S.....

(1) C'est le R. P. L***., Jésuite à la résidence de Poitiers, qui a bien voulu nous donner cette Relique dont il était l'heureux possesseur, laquelle nous est arrivée en novembre 1853, scellée et dûment authentiquée par Mgr l'Évêque actuel de Soissons.

Mgr l'Evêque d'Aire l'a reconnue et solennellement approuvée par acte authentique du 28 août 1854; et c'est le 10 novembre suivant, la veille de la fête du Saint, que nous l'avons exposée solennellement dans notre église, après l'avoir auparavant renfermée dans une châsse dorée, d'un riche travail.

Franciscus-Adelaïs-Adulphus LANNÉLUC, Miseratione Divinâ et Sanctæ Sedis Apostolicæ Gratiâ, Episcopus Aturensis,

Omnibus et singulis has præsentes litteras inspecturis,

Salutem et benedictionem in Domino.

Notum facimus et testamur particulam ex ossibus Beati Martini, Turonensis Episcopi, ex authentico loco excerptam, nobis benignè annuentibus, in thecâ argenteâ ovalis figuræ, super panno serico coloris rubri collocatam, à parte anteriori unico cristallo munitam, à posteriori autem filo serico rubro, necnon sigillo nostro in cerâ rubrâ hispanicâ impresso, obsignatam fuisse.

*Hanc autem Beati Martini sacram ac venerabilem particulam in ecclesiâ illi dedicatâ, sub vocabulo vulgari : S*t*-Martin-de-Hinx, hujusce nostræ diœcesis, asservari permisimus ac per præsentes litteras permittimus, necnon semel in anno, intrà octavam hujusce Patroni Titularis, publicæ Fidelium venerationi solemniter exponi. Servatis aliundè servandis.*

Datum Aturi, in Palatio episcopali nostro, sub signo sigilloque nostris, necnon secretarii generalis nostri subscriptione, anno Domini 1854, die verò augusti 28, in festo sancti Augustini.

† FS. AD. AD. EPPS. ATURENSIS.

De mandato Illustrissimi ac Reverendissimi D. D. Episcopi,

Loco sigilli :   A. Du Lin, can., sec., gen.

†

PENSÉES, ÉLÉVATIONS ET PRIÈRES

EN L'HONNEUR

DE SAINT MARTIN,

TIRÉES DU BRÉVIAIRE ROMAIN ET TRADUITES EN FRANÇAIS. (1)

1. « Martin, lorsqu'il n'était que catéchumène, m'a revêtu de cet habit.

2. » Martin fit sa profession de foi en la sainte Trinité et reçut le baptême.

3. » Si l'on attribue, dit Martin à l'empereur Julien, en lui demandant son congé, si l'on attribue ma retraite à la lâcheté et non à la religion, demain je me présenterai, sans armes, à la tête de l'armée ; et protégé, non par un bouclier ni par un casque, mais par le signe de la Croix, je pénétrerai dans les bataillons ennemis, sans crainte d'y trouver la mort.

4. » Martin est le pontife élu de Dieu, auquel, après les apôtres, le Seigneur a daigné conférer tant de grâces, qu'au seul nom de la divine Trinité, il opéra solennellement la résurrection de trois morts.

5. » O homme ineffable ! par qui tant de miracles éclatent à nos yeux !

6. » Pendant que Martin offrait les saints Mystères, un globe de feu apparut suspendu sur sa tête.

7. » Saint Martin prédit sa fin longtemps à l'avance.

8. » Ses disciples lui dirent : O bon Père ! pour-

(1) Ces prières et d'autres encore seront récitées en latin, par un prêtre, devant notre précieuse relique, pendant la neuvaine de Saint Martin. — Du reste, le programme des exercices qui doivent se faire pendant cette neuvaine, sera publié et affiché dans l'église de St-Martin-de-Hinx, le dimanche qui précèdera le 11 novembre.

quoi délaisser vos enfants dans la désolation? des loups ravissants envahiront votre troupeau !

9. » Nous savons bien que vous soupirez après Jésus-Christ, votre auguste récompense. Mais la récompense vous est assurée. Ah ! plutôt prenez pitié de nous et ne nous abandonnez pas !.....

10. » Seigneur, disait Saint Martin, si je suis encore nécessaire à votre peuple, je ne refuse pas le travail : que votre volonté soit faite !

11. » O homme admirable ! que n'a point vaincu le travail et que la mort ne pouvait vaincre, qui n'a ni craint de mourir ni refusé de vivre.

12. » Les yeux et les mains toujours élevés vers le ciel, il tenait sans cesse son âme invincible occupée à la prière.

13. » Prêtre de Dieu, ô Martin, les cieux s'ouvrent pour te recevoir ; entre dans le royaume de mon Père !

14. » Martin est reçu plein de joie, dans le sein d'Abraham ; Martin, ici-bas pauvre et humble, entre, riche de mérite, dans le ciel où il reçoit les honneurs des hymnes célestes.

15. » L'Evêque Martin s'est envolé de ce monde: il vit maintenant en Jésus-Christ comme la perle du sacerdoce.

16. » O bienheureux pontife, qui aimait de tout son cœur Jésus-Christ notre Roi ; qui ne tremblait point devant la puissance des monarques de la terre ! O très sainte âme qui, sans avoir subi le glaive d'un persécuteur, n'a pas néanmoins été privée de la palme du martyre?

17. » O homme bienheureux, dont l'âme possède le paradis; dont la gloire fait tressaillir les an-

ges et réjouit les archanges ; vous que bénit le chœur des saints et qu'appelle l'assemblée des vierges, demeurez avec nous toujours !...

18.   » Prêtre du Dieu tout-puissant, Pasteur privilégié, ô Saint Martin, aidez-nous de vos prières auprès de notre Dieu !

19.   » Le Seigneur l'a aimé et l'a comblé de grâces,
       » Il l'a revêtu d'une robe de gloire !

20.   » Le Seigneur a conduit le Juste par des voies droites et lui a fait voir le royaume de Dieu.
       » Seigneur exaucez nos prières ;
       Et que nos cris s'élèvent jusqu'à vous ! »

Prions : « O Dieu ! qui voyez que nous ne saurions nous maintenir ici-bas par nos propres forces, faites-nous la grâce de trouver dans l'intercession du Bienheureux Saint Martin, votre Confesseur et pontife, une défense contre tous les maux qui nous environnent. Nous vous en supplions par Notre-Seigneur Jésus-Christ qui vit et règne avec vous dans l'unité du Saint-Esprit, pendant les siècles des siècles ! Ainsi-soit-il. »

CANTIQUE INÉDIT

En l'honneur de Saint Martin.

Sur l'air : De tes enfants reçois l'hommage...
(*Dans les cantiques de St-Sulpice.*)

I.

Avant que la bonté suprême,
Justice et lumière du cœur,
Ait de Martin, par le baptême,
Fait l'heureux enfant du Seigneur,
Martin, déjà l'ami sincère,
Du pauvre humble et déshérité,
Epanche sur toute misère
Les trésors de sa charité !

REFRAIN : Grand Saint Martin, nos cœurs et nos louanges
Montent vers toi, sur l'aile de nos chants !
Reçois nos vœux, et, du séjour des anges,
Bénis, protége, et sauve tes enfants !

II.

Chéri de ses compagnons d'armes,
Intrépide au sein des combats,
Par ses vertus et par ses charmes
Signalant chacun de ses pas ;
Dans le cloître et le sanctuaire,
Enflammé d'un zèle divin ;
Saint Pontife, ange tutélaire,
Tel brilla le grand Saint Martin !

Grand Saint Martin, etc.

III.

O ciel ! quelle heureuse puissance
Dans cet apôtre du Sauveur !
Il parle, et, libre de souffrance,
L'infirme reprend sa vigueur ;
L'austère mort rend ses victimes ;
Satan rentre au fond des enfers ;
Les pécheurs dépouillent leurs crimes :
Tout obéit dans l'univers !......

Grand Saint Martin, etc.

S....

L'ÉGLISE DE St-MARTIN-DE-HINX.

Cette église, la plus belle autrefois de tout le pays de Gosse, paraît avoir été bâtie dans le 13e ou 14e siècle, pendant la domination des Anglais en Guienne. On sait que les Anglais, très pieux et très bons catholiques encore à cette époque, bâtirent la plupart des églises de ce pays. Notre église était construite dans le style ogival ou gothique, avec une voûte en pierre très belle et très hardie. Sa seule et unique nef mesure 30 mètres de long sur 10 mètres de large, sans compter les dimensions du porche.

A droite et à gauche de la porte principale qui est faite dans le meilleur goût de l'architecture gothique, se dessinent, à une profondeur d'un mètre dans la muraille, deux ouvertures ogivales figurant les portes surbaissées qui se voient des deux côtés et comme un diminutif du grand portail, dans les grandes églises de France. Là se trouvent des caveaux souterrains destinés à la sépulture des prêtres et des pasteurs décédés pendant leur ministère dans la paroisse. Aussi êtes-vous saisi d'un noble et religieux respect lorsque vous entrez sur le seuil de la Maison de Dieu, là où reposent ces antiques et vénérés gardiens de nos tabernacles bien autrement sacrés que les tabernacles d'Israël.

Le porche ou vestibule de l'église, qui a une superficie de 72 mètres carrés, présente une construction massive et gigantesque faite beaucoup plus tard et peut-être du temps des guerres de religion, vers le milieu du 16e siècle. Ce qui semble donner de la consistance à cette conjecture, c'est que les murailles forment, par leur ensemble, leur épaisseur et leur élévation, un vestibule imposant dont l'entrée latérale est décorée de riches sculptures à l'ogive fleurie ; d'autre part, des embrasures largement évasées à l'extérieur, et à l'instar des bastions, indiquent naturellement un lieu de refuge ou de défense armée. Quoi qu'il en soit, on se demande si ce vestibule a jamais été achevé ou s'il a été détruit. Et la tradition ne dit autre chose à cet égard, sinon que plusieurs générations qui nous ont précédés ont toujours vu le porche découvert et les murailles exposées à l'injure du temps. Pourtant, à l'heure où nous écrivons ces lignes, on a élevé les murailles à un même niveau et l'on recouvre le porche avec une toiture qui lui ôtera son aspect de désolation et de ruine. Nous aimons à espérer que ce travail, dû à une allocation municipale et à un léger secours du Gouvernement, ne sera que le prélude d'une restauration convenable et nécessaire de tout l'édifice, laquelle se complétera à mesure que la Providence voudra bien nous en accorder les moyens.

Reprenant notre récit archéologique, nous devons dire que l'impiété révolutionnaire de la Terreur, qui commit partout tant de profanations et de sacriléges, déploya un surcroît d'acharnement contre le temple saint qui faisait honneur à notre paroisse et à la religion de nos ancêtres. Elle fit arracher violemment tous les ornements de l'église et de la sacristie, trois beaux autels avec leurs riches rétables et leurs statues dorées, les tableaux, les vases sacrés, les habits sacerdotaux, les linges bénits et le mobilier complet du saint lieu. Tout cela fut porté et entassé sur la place publique par quelques furieux qui en firent un indigne bûcher et un tas de cendres sacriléges.....
Il ne resta plus que les murailles et le pavé de l'église avec leur triste dépouillement.

Depuis le rétablissement du culte catholique, en 1801, les habitants de St-Martin-de-Hinx pleins de foi, mais peu riches et privés de revenus communaux, n'ont pu faire autre chose qu'acheter et entretenir, à l'état le plus humble et le plus modeste, les objets indispensables aux cerémonies de la religion.

Un autre malheur bien déplorable arrivé à notre église, c'est qu'en 1814, quelques fragments de pierre s'étant détachés de la voûte, on en conclut fort légèrement que la voûte entière menaçait de s'écrouler. Alarmées par des rapports exagérés qui faisaient craindre pour la vie des fidèles, l'autorité diocésaine lança une ordonnance d'interdit contre l'église, et l'autorité préfectorale prescrivit ou autorisa la démolition de la voûte. Cette exécution se fit vers l'année 1821. Mais la construction des arcs-doubleaux et des nervures diagonales était si solide que les marteaux et les massues ne pouvaient en venir à bout : le vandalisme de l'ignorance et de la peur fut à même d'invoquer, en quelques endroits, le secours de la mine.

On abaissa l'église, et, à la place de la belle voûte d'autrefois, on mit un simple plafond en plein-cintre qui est déjà vieux et détérioré, et qui rend l'église fort obscure, parce qu'il obstrue en très-grande partie les vieilles et si remarquables croisées ogivales de la primitive construction.

Voilà les pertes et les dégradations de toute nature que la population religieuse de nos jours, à St-Martin-de-Hinx (1), voudrait réparer. Inutile de faire observer que le pasteur de la paroisse et l'autorité municipale du lieu marchent en tête de ce mouvement d'expiation et de restauration tout à la fois. Quelques familles généreuses ont déjà offert à la fabrique un concours loyal, mais, hélas ! fort insuffisant ; car il nous faudrait bien plus que quelques centaines de francs !.....

(1) Cette population compte environ 1,500 âmes.

CONCLUSION.

Peut-être plaira-t-il à Dieu et à Saint Martin de se servir de notre humble livret, de la précieuse relique que nous possédons, et de notre neuvaine de prières, pour intéresser à notre œuvre un certain nombre d'âmes intelligentes et pieuses (*) qui s'estimeront heureuses d'aider à relever et à orner convenablement, au prix de quelques sacrifices, un sanctuaire désormais privilégié. Aussi bien voyons-nous de toutes parts, en France, un admirable mouvement de retour vers la foi et la piété de nos ancêtres pour la construction ou la restauration des temples catholiques; œuvre excellente et glorieuse qui touche le cœur de Dieu et attire infailliblement des bénédictions abondantes sur tous ceux qui apportent leurs soins et leurs aumônes, comme autant de pierres fondamentales et angulaires, aux édifices sacrés !

Il nous arrivera donc, nous osons l'espérer, quelques offrandes pécuniaires et nous les accueillerons avec infiniment de reconnaissance, unique-

(1) Nous osons compter sur le zèle et la charité des fidèles. Mais nos chers et vénérés confrères nous permettront d'espérer beaucoup aussi de leur pieux concours. Tous seront assez bons pour nous adresser leurs offrandes personnelles par lettres affranchies et en mandats sur la poste.

Les prêtres ou nos autres bienfaiteurs qui croiraient utile au succès de notre œuvre que nous envoyions quelques exemplaires de notre petit livre à des personnes haut placées, de leur connaissance, voudront bien nous indiquer leurs noms, par lettre affranchie, et nous nous empresserons de leur adresser immédiatement ces exemplaires *gratis* et *franco*, si toutefois il nous en reste à cette époque.

Nous garderons d'ailleurs soigneusement et avec confiance la liste des personnes à qui nous aurons envoyé notre petite brochure ; et à plus forte raison la liste de nos bienfaiteurs.

ment pour le bien de notre église et de notre chère paroisse. Mais que la modicité des fonds que chacun peut avoir de disponibles pour cette belle œuvre, n'arrête personne : si ce n'est pas l'importance des bienfaits, ce sera leur nombre qui fera notre appoint ; et chaque bienfaiteur individuel associé à tous les autres par une noble conformité de saintes intentions, aura certainement un grand mérite devant Dieu et devant Saint Martin.

SÉBIE.

Curé-desservant de St-Martin-de-Hinx.

Par Saint-Esprit, Landes.

Permis de faire imprimer et de répandre.
Aire, le 17 août 1855.
Darré, Vic.-Gén.